W0371114

Die Originalausgabe erschien unter dem Titel
»Le voyage du petit dauphin« bei MILAN.

© 2004 Éditions MILAN – 300, rue Léon-Joulin, 31101 Toulouse, France

In neuer Rechtschreibung

1. Auflage 2007
© Edition Bücherbär im Arena Verlag GmbH, Würzburg 2007
Alle Rechte für die deutsche Ausgabe vorbehalten
Übersetzung aus dem Französischen: Silvia Schröer
Audio-CD-Arrangement: Alain Schneider et Lauri Prado, studio Interface
Für die deutsche Ausgabe:
Agentur W3 Benjamin Wagner (WüNYL-Studio)
Sprecher: Markus Grimm
ISBN 978-3-401-09095-5
Printed in Belgium

www.arena-verlag.de

Stéphane Frattini

Sandrine Lefebvre

Hör gut hin ♫

Der kleine Delfin entdeckt das Meer

EDITION BÜCHERBÄR

Irgendwo auf hoher See springt ein kleiner Delfin übers Wasser . . . Er hüpft über eine Welle und fällt mit einem lauten Platschen zurück.

– Guck mal, Mama! Ich fliege!

Tiki, der junge Delfin,
möchte am liebsten
den ganzen Tag spielen.

Mit zwei Jahren ist er schon groß
und plappert genauso viel
wie die anderen.
Unter Wasser hallen
ihre Pfiffe und
ihr Gequietsche
laut wider.

Plötzlich sieht Tiki einen großen, gefährlichen Schatten.

– Hilfe, ein Blauhai!

Zum Glück zieht der Räuber weiter.

Tiki flüchtet sich unter den Bauch seiner Mutter und lässt sich hinter ihr hertreiben.

– Oh, was für ein Schreck! Ich werde mich ein bisschen ausruhen ...

Der Delfin

Delfine sind Säugetiere. Die Mutter säugt also ihr Junges mit Milch. Diese neugierigen und verspielten Tiere leben in Gruppen und kommen oft auch sehr nah an Boote heran.

Der Blauhai

Er ist schlank und muskulös und wie fürs Schwimmen geschaffen. Er ist immer in Bewegung und durchquert sogar ganze Ozeane. Eigentlich jagt er nur kleine Fische, doch manchmal frisst er auch größere Fische.

Der Austernfischer

Dieser Vogel lebt immer an der gleichen Stelle am Strand. Tag und Nacht jagt er kleine Krabben, Weichtiere oder Würmer.

Der Seestern

Er ist sehr gefräßig und greift sogar Muscheln an. Wenn er einen Arm verliert, wächst ihm ein neuer. Und aus dem abgetrennten Arm kann ein neuer Seestern entstehen!

Der Taschenkrebs

Er zählt zu den größten Krebsen: Bis zu 40 cm groß kann er werden! Auf jeder Seite hat er vier Beine und eine Schere.

An der Küste herrscht jetzt Ebbe.

Ein kleines Mädchen spielt allein am Strand und wirft Kieselsteine ins Wasser. Sie sieht ein bisschen traurig aus …

Sogar in den Pfützen, die das Meer hinterlassen hat, gibt es Tiere. Ein Vogel, der Austernfischer, bricht eilig mit seinem Schnabel eine Miesmuschel auf.

Der Seestern ist geduldiger. Er zerrt so lange an einer Muschel, bis sie sich von selbst öffnet. Ein kleiner Taschenkrebs zwängt sich unter einen Fels. Aber der Platz ist schon besetzt. Drohend schwingt der große Krebs seine Scheren. Oben am Himmel dreht eine Lachmöwe kreischend ihre Runden.

All das scheint das kleine Mädchen nicht zu bemerken …

Tiki und die anderen Delfine sind jetzt sehr hungrig. Auf ihrer Stirn haben sie eine kleine Ausbuchtung. Damit senden sie Signale in alle Richtungen.

– Dort hinten ist etwas. Ich empfange ein Echo!

Sofort stürmen alle los. Das Echo wird stärker. So nehmen Delfine auch aus weiter Entfernung Bewegungen wahr. Der Schwarm Makrelen versucht, erschrocken zu fliehen … Aber die Delfine kreisen die Makrelen ein und drängen die kleinen Fische an die Oberfläche. Dann machen sie ihnen Angst, indem sie mit ihren Schwanzflossen heftig auf das Wasser schlagen.

– Mmh, das ist lecker!

Tiki lässt es sich schmecken. Er zerbeißt seine Beute mit seinen kleinen, spitzen Zähnen. Ganz in seiner Nähe schießt etwas wie eine Rakete ins Wasser, und ein langer, spitzer Schnabel fängt eine Makrele. Der Basstölpel schluckt seine Beute sofort hinunter und steigt dann wieder an die Oberfläche. Geschickt rudert er dabei mit seinen Füßen.

– Na, so was, es gibt auch Vögel, die schwimmen können!

In der Ferne hört Tiki
die Schiffsschraube eines
großen Schiffes schnurren.

– Toll, lasst uns spielen!

Bald legt sich ein Schatten
über das Meer:
Es ist ein riesiger Tanker,
so lang wie sechs Wale.

Tiki und seine Freunde stürmen vor den Bug und reiten auf den Wellen.
Ein kleines Boot würde zerschellen. Aber die Delfine machen tausend Luftsprünge
und gewagte Kunststücke. Der Kapitän grüßt sie mit dem Nebelhorn.

Aber plötzlich droht Gefahr aus der Tiefe.
Ein schwarz-weißer Körper, ein Maul mit spitzen Zähnen …
Ein Orca, der schlimmste Feind der Delfine!
Der riesige Orca stürzt sich auf einen jungen Delfin, doch die erwachsenen Tiere wehren ihn ab. Sie schlagen mit ihren kurzen, dicken Schnauzen auf seinen Bauch ein.
Dieses Mal war der Orca nicht schnell genug.
Weil er nicht verletzt werden will, gibt er auf und verschwindet mit wütenden Schreien.

Die Lachmöwe

In Europa ist sie sehr häufig anzutreffen. Sie lebt nicht nur am Meer, sondern auch in Mooren und an Seen. Auf ihrem Kopf sitzt eine »Haube«. Diese ist im Sommer schwarz, und im Winter verschwindet sie.

Der Orca

Er ist der Riese in der Familie der Delfine. Er wird bis zu sechs Meter lang und kann bis zu sechs Tonnen wiegen. Besonders auffällig ist seine riesige Rückenflosse. Manchmal greift er auch Delfine an.

Der Buckelwal

Im Sommer frisst er sich in den Polarmeeren an kleinen Garnelen satt. Im Winter wandert er in wärmere Gewässer, um sich dort fortzupflanzen. Dabei legt er jedes Jahr etwa 20 000 km zurück!

Der Riesenkalmar

Er sieht wie eine lang gezogene Rakete aus und kann bis zu 20 Meter lang werden! Der Kalmar hat zehn Arme, von denen zwei länger als die anderen sind. Mit ihnen kann er seine Beute greifen.

So schnell wie möglich schwimmen die Delfine aus der Gefahrenzone. Aus der Ferne, da wo das Meer sehr tief wird, hört Tiki einen lauten Gesang.

– Mama, ich will nachsehen, wer das ist!

Nachdem sie mehrmals tief Luft geholt haben, tauchen die Delfine und treffen bald auf einen gewaltigen Buckelwal.

Es ist ein erwachsenes Männchen, das ein Weibchen ruft. Der Wal bewegt seine langen Flossen auf und ab und hält sich schräg nach unten geneigt im Wasser.

Wale erzeugen die unglaublichsten Laute. Um eine Gefährtin zu verführen, erfindet ein Männchen ein richtiges Lied mit vielen Strophen.

Ein Riesenkalmar schwimmt vorbei und schaut verwundert mit seinen großen, runden Augen auf die versammelte Gruppe. Dann verschwindet er lautlos in die Tiefsee, dahin, wo kein Licht mehr hinkommt.

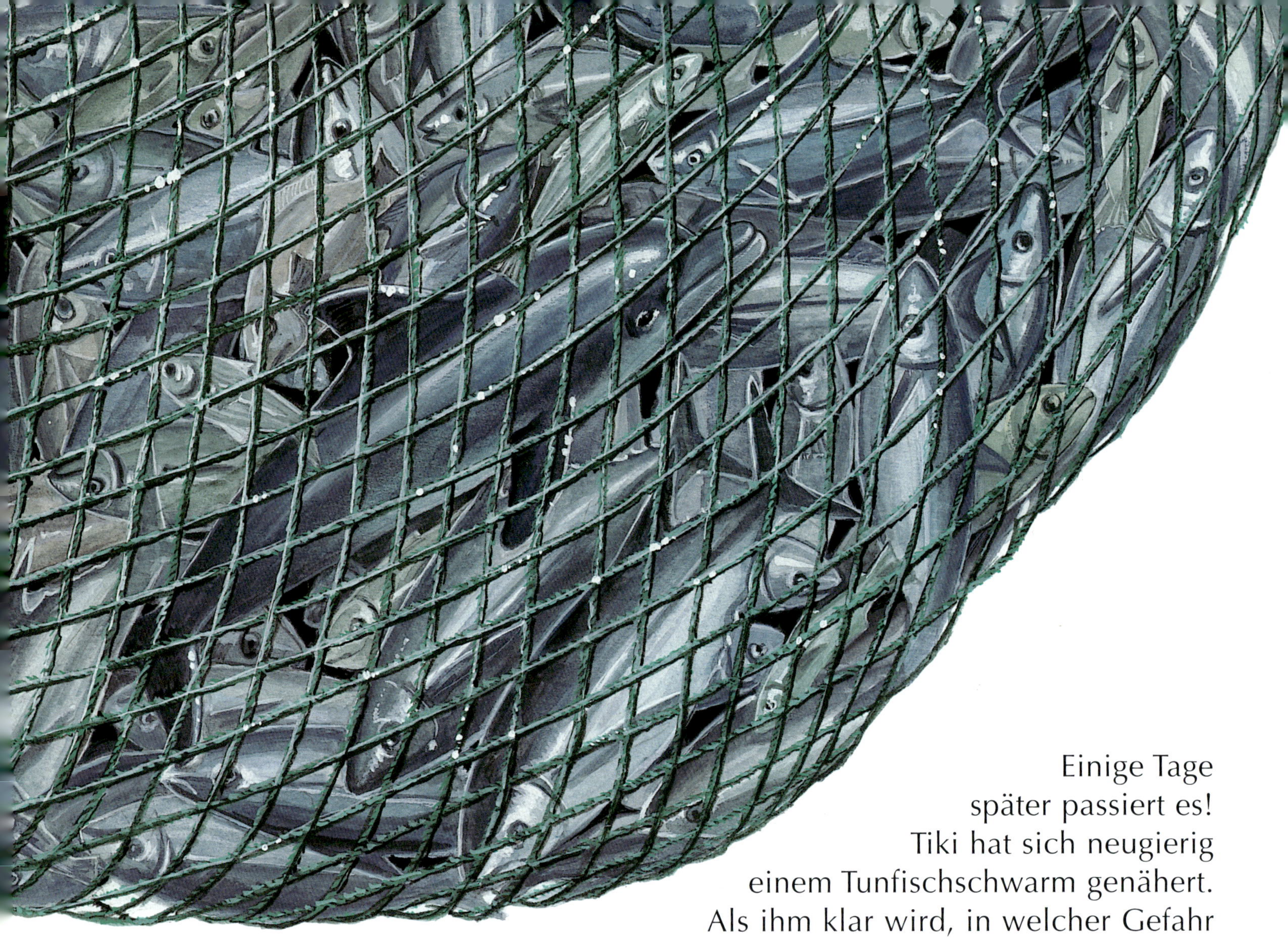

Einige Tage
später passiert es!
Tiki hat sich neugierig
einem Tunfischschwarm genähert.
Als ihm klar wird, in welcher Gefahr
er schwebt, ist es zu spät: Das Fischernetz
schließt sich um ihn wie eine Falle.

– Mama! Hilfe!

Der junge Delfin ist in den Maschen gefangen
und wird von dem Netz fortgeschleppt.

– Luft . . . Ich brauche Luft. Ich werde ersticken!

Plötzlich fühlt er,
wie er nach oben steigt:
Das prall gefüllte
Fischnetz wird an Bord
eines Fischkutters
gehievt.

Ein Mann zieht an einer Schnur, und die gefangenen, zappelnden Fische breiten sich auf dem Deck aus.

Delfine aber sind hier wertlos. Mit einem Bootshaken stößt ein Fischer Tiki über Bord. Er fällt schwer ins Wasser. Benommen und regungslos dümpelt der junge Delfin an der Wasseroberfläche. Schnell, er muss zu sich kommen, er muss atmen!

Von den Wellen hin und her geworfen,
kommt Tiki langsam wieder zu Bewusstsein.
Er ist an einer Flosse verletzt,
und das Schwimmen fällt ihm schwer.

– Mama, wo bist du?

Eine Gruppe von Dreizehenmöwen,
die sich auf dem Wasser ausgeruht hat,
umkreist ihn.

Weiter entfernt sieht der Delfin
eine Silbermöwe am Himmel vorbeiziehen.

**– Ich muss diesem Vogel folgen.
Er wird mich zur Küste bringen . . .**

Unterwegs hört Tiki ein schauriges Gebrüll.
Es ist eine Heulboje, die Boote vor einer Gefahrenzone warnt.
Tikis Kräfte schwinden. Da sieht er Felsen.

Als Tiki näher kommt, erkennt er eine kleine Bucht. Sein Instinkt treibt ihn in ihren Schutz. Völlig erschöpft lässt er sich an den Strand spülen.

In der Ferne rennt eine kleine Gestalt aus einem Haus.

Die Dreizehenmöwe

Sie lebt auf dem offenen Meer und kommt nur im Frühjahr an die Küste, um sich dort fortzupflanzen. Während eines Sturms flüchtet sie sich manchmal in eine Erdhöhle.

Die Silbermöwe

Dieser schwere Flugvogel nistet in großen Kolonien. Man trifft die Tiere oft in Städten, wo sie sich von menschlichen Abfällen ernähren.

Der Kormoran

Dieser gefürchtete Fischer taucht neun Meter tief und kann eine Minute unter Wasser bleiben!

Miesmuscheln

Sie leben auf Felsen und halten sich mithilfe von Fäden fest.

Die Strandschnecke

Geschützt durch ihre Schale, bewegt sie sich langsam auf einem Fuß fort.

Der Seeteufel

Sein Körper ist flach und ohne Schuppen: Auf dem Meeresgrund sieht er aus wie ein Fels.

Die Sonne geht über der Bucht auf. Auf einem Felsen trocknet ein großer Kormoran seine Flügel im kühlen Wind, bevor er wieder zum Fischen aufbricht.

– Oje, mir ist ganz schwindlig!

Einige Tage sind vergangen, seit Tiki hier gestrandet ist. Ein paar Leute haben dem Mädchen geholfen, den Delfin zu retten. Sie haben seine Flosse verarztet und ihm eine Spritze gegeben.
Jeden Morgen kommt das Mädchen, um nach Tiki zu sehen. Sie bringt ihm Fische mit. Aber Tiki hat keinen Hunger und lässt den ersten Fisch versinken.

Der Taschenkrebs krabbelt aus den Algen hervor und streckt schon seine Scheren aus ... aber ein Seeteufel, der auf dem Grund kauert, schnappt ihm den Fisch weg und verschluckt ihn. Wütend trommelt der Krebs auf eine Napfschnecke ein.

Das Mädchen nähert sich und legt schüchtern die Hand auf Tikis Rücken.

– Ich vertraue ihr, obwohl sie nichts sagt ...

Tiki fühlt, wie seine Kräfte langsam wiederkehren, jeden Tag ein bisschen mehr. Mittlerweile kennt er jeden Winkel der Bucht und fast alle ihre Bewohner,

denn er hört viele ihrer Gespräche. Unter den Felsen leben zum Beispiel kleine Seepferdchen. Um miteinander zu reden, lassen sie die Knochen ihrer Skelette knacken.

Einige Fische wiederum stoßen Blubber-Laute aus.

Andere trommeln mit ihren Muskeln oder knirschen mit ihren Flossen.

– Hallo . . . Hat jemand meine Mama gesehen?

Weiter hinten zieht ein Petersfisch mit flachem Körper vorbei, dann einige Schnepfenfische mit langen Schnauzen. Einer von ihnen ist ein wenig zurückgeblieben und nähert sich dem Felsen. Wie ein Blitz ist die Muräne hervorgeschnellt und hat ihre Beute verschlungen!

– Huch, was war denn das?

Das Seepferdchen

Dieser lustige Fisch mit Pferdekopf schwimmt senkrecht.

Der Petersfisch

Er ruht oft auf der Seite. Wenn er andere Fische erbeuten will, bewegt er sich ruckartig vorwärts.

Der Schnepfenfisch

Er ernährt sich von winzigen Tierchen, die das Plankton bilden.

Die Muräne

Ihr Gebiss ist kräftig! Versteckt wartet sie in ihrer Höhle, bis Beute vorbeischwimmt.

Die Goldbrasse

Sie wird von Fischern sehr geschätzt und misst bis zu 70 cm. Sie lebt auf sandigem Grund in seichtem Wasser und kommt manchmal auch in die Häfen.

Der Krake

Sein Körper ist ganz weich. Er hat einen Fuß, der sich in acht Arme teilt, die man auch Tentakel nennt. Mit ihnen fängt er kleinere Beutetiere. Wenn er Angst hat, stößt er eine braune Tintenwolke aus.

Eines Tages fühlt sich Tiki wieder ganz gesund. Das offene Meer ruft, und er schwimmt davon, ohne sich noch einmal umzudrehen.

– Auf Wiedersehen, ihr Menschen!
Danke, kleines Mädchen! ...

In der Meeresströmung hallt ein merkwürdiger Gesang wider. Es ist ein Blauwal, der vielleicht Tausende von Kilometern weit weg ist.

Unbeeindruckt halten Goldbrassen ihr Festmahl an den Felsen. Mit ihren kräftigen Kiefern zermalmen sie Algen, Muscheln und Panzer!

Ein Stück entfernt, wuchern Algen und andere Meerespflanzen auf dem Wrack eines alten Segelschiffes. Ein Krake umkreist es und lässt seine langen, mit Saugnäpfen besetzten Arme einfach treiben. Tiki ist ganz traurig. Denn ein Delfin kann eben nicht allein leben! Wie im Traum hört er plötzlich ein vertrautes Pfeifen.

– Mama? Bist du das, Mama?

– Guck mal, Mama, ich kann noch höher springen!

Einige Tage sind vergangen, seit Tiki seine Gruppe wieder gefunden hat. Wie immer spielen die Delfine zusammen und erkunden ihre Umgebung.

Eines Abends verdunkelt sich der Himmel.
Das Meer wird metallgrau, und die Vögel suchen Schutz auf den Felsen.

Wenig später bricht der Sturm los. Riesige Wellen türmen sich auf und stürzen donnernd zusammen. Sie wirbeln Trümmer umher. Um dem Sog zu entgehen, müssen die Delfine tauchen. In der Ferne ziehen Schwertfische vorbei und schwimmen auf das weite Meer hinaus. Als die Delfine ihnen folgen wollen, hält Tiki sie zurück:

– Wartet, wir können nicht einfach so weggehen!

Nicht weit entfernt, schaut ein Mädchen von ihrem Fenster aus zu, wie der Regen niederprasselt. Sie denkt an den kleinen Delfin. Sie vermisst ihn und fragt sich, ob er noch am Leben ist.

Am nächsten Morgen hat die Sonne den Sturm vertrieben.
Eine junge Trottellumme traut sich nicht, vom Felsen zu springen:
Es ist ihr erster Flugversuch.

Am Strand sitzt ein kleines Mädchen und sucht das Meer ab …
Plötzlich sieht sie Flossenspitzen in der Bucht.

– Delfine! Tiki. Es ist Tiki, ich erkenne ihn wieder!

Tiki führt die Gruppe an: Er richtet sich im Wasser auf und pfeift fröhlich. Als er sich dem Strand nähert, läuft das Mädchen, ohne zu zögern, ins Wasser. Die anderen Delfine trauen ihren Augen nicht: Sie umarmt Tiki.

– Siehst du, ich habe dich nicht vergessen!

Als die Delfine davonschwimmen, strahlt das kleine Mädchen über das ganze Gesicht.

– Auf Wiedersehen, Tiki! Bis bald!

Jetzt wird alles gut. Sie ist sicher, dass ihr Freund wiederkommen wird! Und die kleine Trottellumme? Morgen fliegt sie ganz bestimmt.